JN212153

一人ひとり、みんなちがう！

男子のからだとこころ相談室

①男子の体、どう変わるの？

監修
アクロストン
acrosstone

汐文社

はじめに

体や心がどんどん成長する時期を「思春期」といいます。

「体が大きくなった！」とウキウキする人がいれば、「なんか大人っぽくなってきちゃった」とドキドキする人、「ほかの人とちがう気がする。これってだいじょうぶかな」と不安でズーンとする人もいます。

私たちも小学校高学年から中学生のころ、そのような思春期を体験していました。

思春期の体にどんなことが起こるのか、困ったときにはどうしたらいいのか、だれに、どうやって相談したらいいのかを知っておくことは、きっとみなさんの助けになると思います。

この本では、体の話が中心になっています。一人ひとりの体はちがっていて、正解はありません。たとえば、体の中のごく一部である、ちんちん（ペニス）だって全然ちがいます（くわしくは14ページを見てください）。

体のしくみや思春期に起こる変化、性別のことなどを知って、「いろいろな人がいるな」と感じたり、自分の体を身近に感じたり、悩みを相談してみようかなと思ってもらえたりしたらうれしいです。

男子（生まれたときに「男」と判定された人）のことを中心に書いていますが、どのような性別・年齢の人にもかかわることをたくさんのせています。

アクロストン

もくじ

＊ この本の「男」「女」「男性」「女性」というのは、生まれたときに判定された性別のことです。

すべての動物は オスとメスに分かれているの？

人間の性と体の変化

人間の体は10歳ごろ（早い人は8〜9歳ごろ）からどんどん変化し、大人の体に近づいていきます。変化のしかたやスピードは一人ひとりちがいます。大人の体への変化が起こる10〜18歳くらいを「思春期」といいます。思春期になると、体と心に変化がおとずれます。どのように変化していくのでしょう？

男性の体
（生まれたときに「男」と判定された人の体）

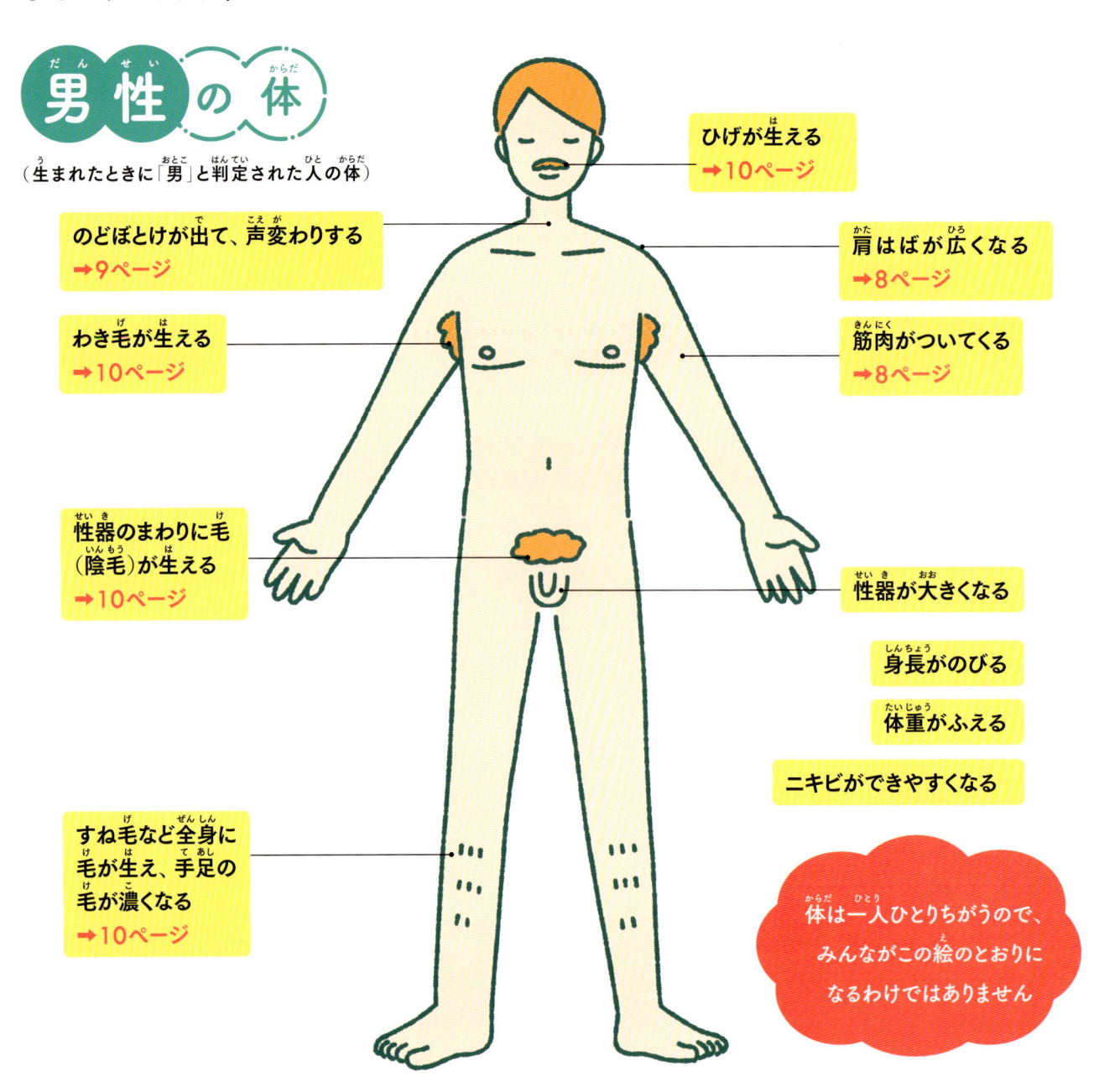

ひげが生える
➡10ページ

のどぼとけが出て、声変わりする
➡9ページ

肩はばが広くなる
➡8ページ

わき毛が生える
➡10ページ

筋肉がついてくる
➡8ページ

性器のまわりに毛（陰毛）が生える
➡10ページ

性器が大きくなる

身長がのびる

体重がふえる

ニキビができやすくなる

すね毛など全身に毛が生え、手足の毛が濃くなる
➡10ページ

体は一人ひとりちがうので、みんながこの絵のとおりになるわけではありません

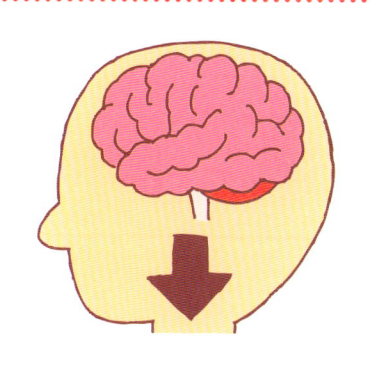

成長のひみつは「ホルモン」

　大人になるための体の変化は、脳からホルモンが分泌されて始まります。ホルモンは体のさまざまなはたらきを調節する化学物質で、血液に混ざって全身に運ばれます。

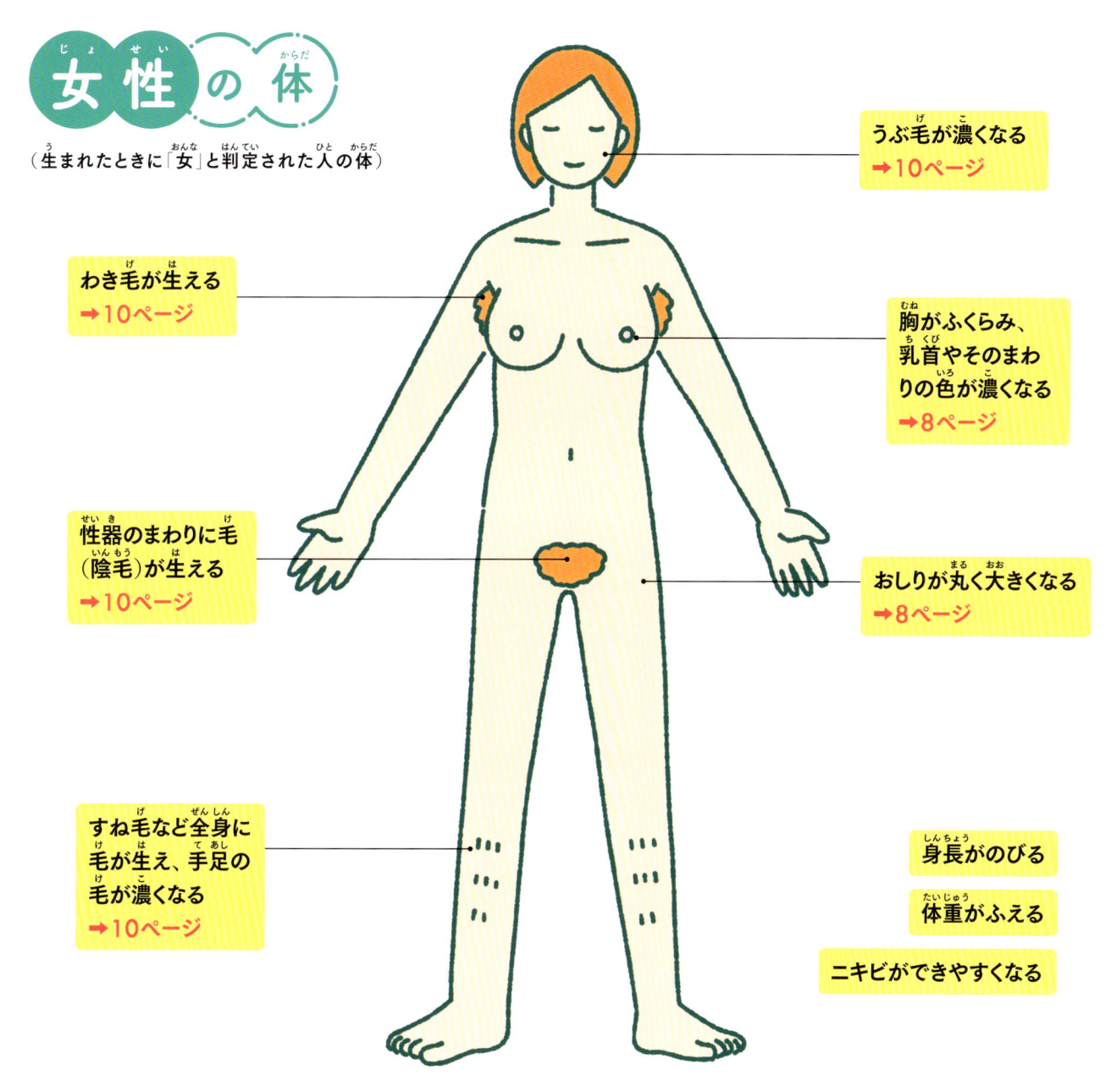

女性の体

（生まれたときに「女」と判定された人の体）

うぶ毛が濃くなる
➡10ページ

わき毛が生える
➡10ページ

胸がふくらみ、乳首やそのまわりの色が濃くなる
➡8ページ

性器のまわりに毛（陰毛）が生える
➡10ページ

おしりが丸く大きくなる
➡8ページ

すね毛など全身に毛が生え、手足の毛が濃くなる
➡10ページ

身長がのびる

体重がふえる

ニキビができやすくなる

男性と女性の体の特ちょう

　思春期になると、成長とともに体の形が変わってきます。生まれたときに判定された性別により、「男性らしい体つき」や「女性らしい体つき」になることが多いですが、個人差が大きく、一人ひとりの「体つき」は異なります。

★ それぞれの性別に多い体の特ちょう

筋肉

　男性は筋肉がつきやすくなり、肩はばが広くなることが多いです。
　女性は脂肪が多く、丸みのある体つきになることが多いです。

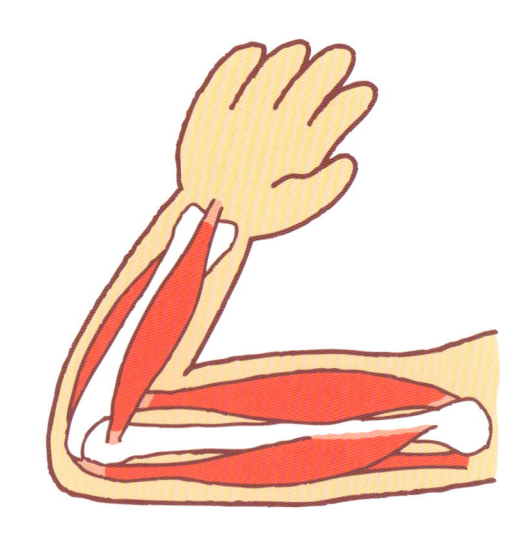

胸

　ホルモンのはたらきで、女性は胸がふくらむことが多いですが、男性も乳首に毛が生えたり、胸がふくらんでくることがあります。
　毛はむりに抜いたりそったりすると、傷ついてはれてしまうことがあるので、気をつけましょう。服から乳首がすけるのが気になる場合は、すけない生地（濃い色や厚みのある生地）の服を選んでみましょう。

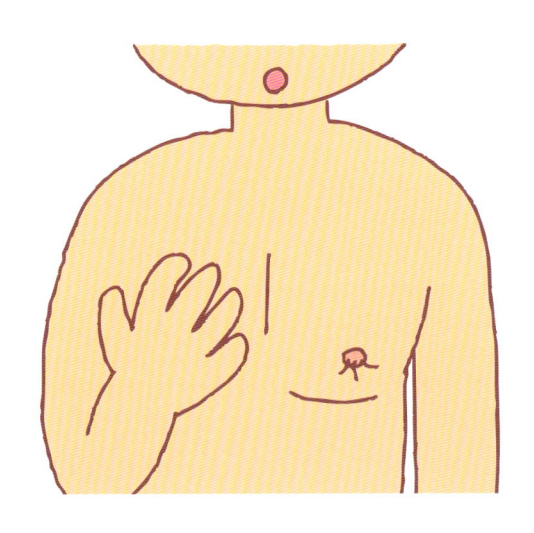

声

　男性も女性も思春期のころに、声が低くなります。男性のほうがより低くなることが多く、思春期に「声変わり」がわかりやすいのは、男性のほうです。

　思春期の男性は、のどにある骨が出っぱってくることがあります。この骨を「のどぼとけ」といい、声が低くなる「声変わり」の時期に目立ってきます。声変わりが始まると、声が出にくくなったり、声の高さが不安定になります。その期間は数か月〜数年と、人によってちがいますが、成長とともに落ち着いてくるので、心配しなくてだいじょうぶです。

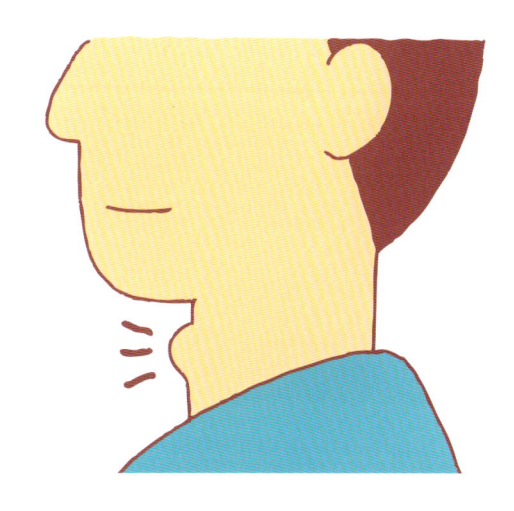

性器

　性器は生まれたときに判定された性別でちがい、形には個人差があります。

➡ 12〜15ページ

骨格

　男性のほうが骨が太く、がっしりとした骨格であることが多いです。女性は、腰のあたりにある「骨盤」という骨の形が、男性よりも丸く広いことが多いです。

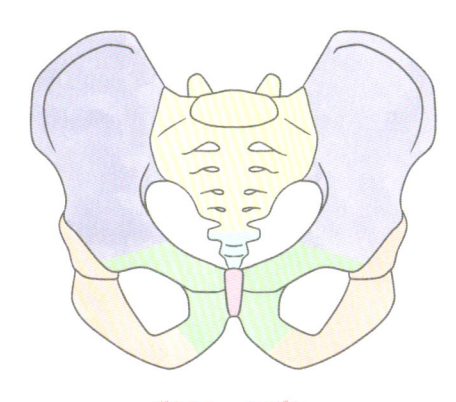

男性の骨盤

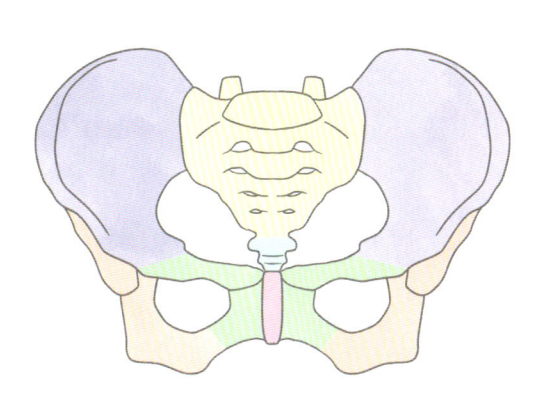

女性の骨盤

体の毛の変化と生える時期

　思春期になると、わきの下や性器のまわりなどに毛が生えてきたり、口のまわりのうぶ毛や手足の毛が濃くなったりします。毛の生える時期や濃さは、一人ひとりちがいます。小学生のうちに濃くなる人もいれば、大人になってもあまり濃くならない人がいます。

★毛が生えるしくみ

　血液に混ざって運ばれたホルモンが毛の根もとの細胞（毛母細胞）にはたらきかけて、思春期に毛が生えたり濃くなったりします。毛が1日にのびる長さや生え変わるスピードは、体の部分によって異なります。生え変わりの周期が長いのは髪の毛で、3〜6年くらいです。性器のまわりの毛（陰毛）は1〜2年くらい、わきの下やうでの毛は3〜5か月くらいです。

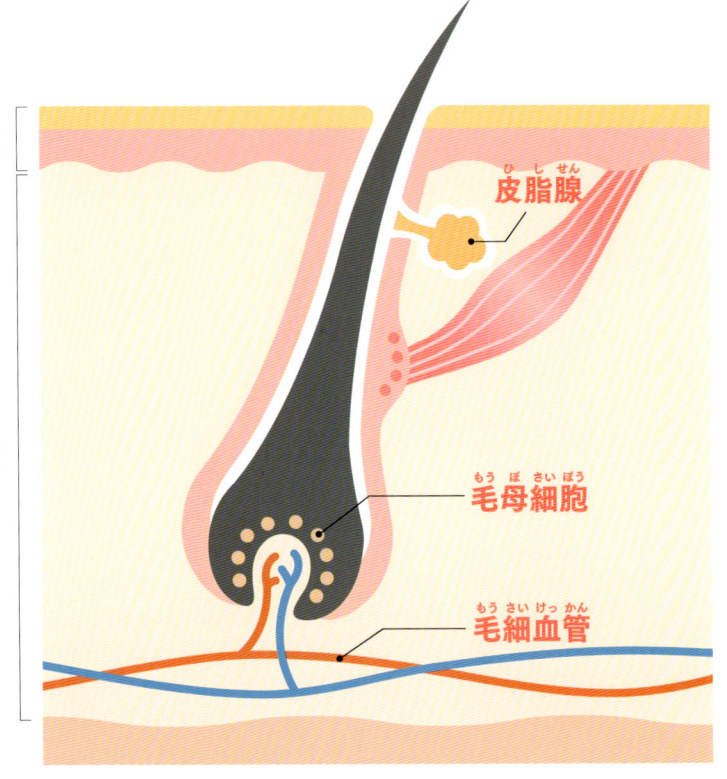

表皮

真皮

皮脂腺

毛母細胞

毛細血管

毛が生えてきたら、どうする？

体の毛はそのままにしておく人もいれば、そるなどして処理する人もいます。そっても、そらなくても、どちらでもかまいません。毛をそったり、除毛したり、脱毛したりするときは、カミソリや電動シェーバー、除毛クリーム、脱毛シートなどを使います。はじめて毛をそるときは、大人の人に相談しましょう。

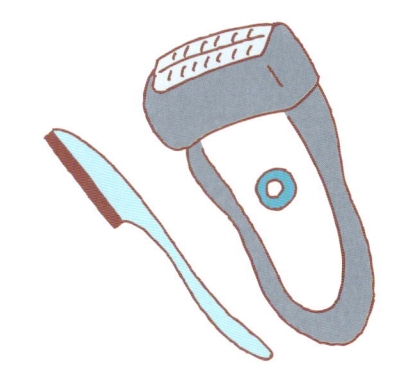

毛やひげのそり方

1

水やぬるま湯で毛をぬらし、せっけんのあわやシェービングフォームをぬる。

2

清潔なカミソリや電動シェーバーを軽くすべらせるようにしてそる。

- 痛みがあったらむりをしないでください。
- 毛をそる器具は清潔にし、ほかの人といっしょに使わず、自分だけのものを準備します。
- カミソリの刃が欠けたら、新しいものと取り替えます。

除毛・脱毛のやり方と注意

手足の毛は、そる以外に、専用のクリームやワックスなどを使って取り除くこともできますが、まちがった方法では肌や毛穴を傷つけてしまうので注意が必要です。正しく使っても皮膚に炎症が起こることがあるので、そのときは皮膚科を受診してください。

ほとんどの除毛クリームは顔には使えません！

性器について

　私たちの体には、さまざまな臓器があります。たとえば、心臓は全身に血液を運び、胃腸は栄養を体に取りこむ役割をもっています。同じように、自分の性質を受け継いだ新しい命をつくるための臓器があり、「性器」と呼んでいます。性器の形や機能は、外から見える部分だけでなく、体の中も性別でちがいがあります。

★男性器とそのまわりの臓器

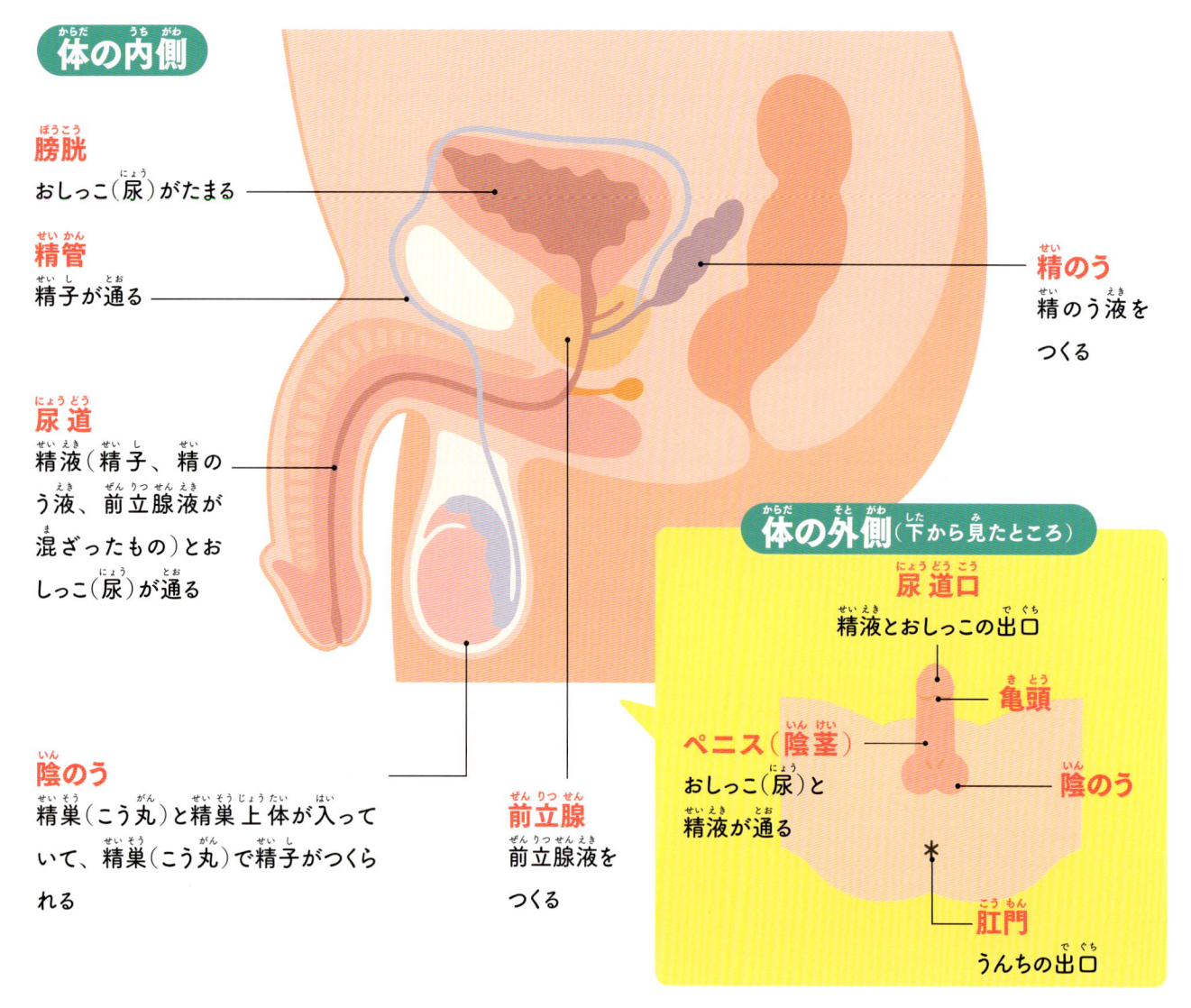

体の内側

膀胱
おしっこ（尿）がたまる

精管
精子が通る

尿道
精液（精子、精のう液、前立腺液が混ざったもの）とおしっこ（尿）が通る

陰のう
精巣（こう丸）と精巣上体が入っていて、精巣（こう丸）で精子がつくられる

前立腺
前立腺液をつくる

精のう
精のう液をつくる

体の外側（下から見たところ）

尿道口
精液とおしっこの出口

亀頭

ペニス（陰茎）
おしっこ（尿）と精液が通る

陰のう

＊

肛門
うんちの出口

性器のさまざまな形と発達

　性器の形や発達のしかたは、このページで紹介しているイラストとはちがっている人もいます。たとえば、臓器のどれかがなかったり、形がちがっていたり、生まれたときに判定された性別とはちがう性別の臓器があることもあります。形や発達のしかたが多くの人とはちがうことを、DSDs（Differences of Sex Development：体の性のさまざまな発達）という言葉であらわすことがあります。医学的にはDSD（Disorder of Sex Development：性分化疾患）ということもあります。

★女性器とそのまわりの臓器

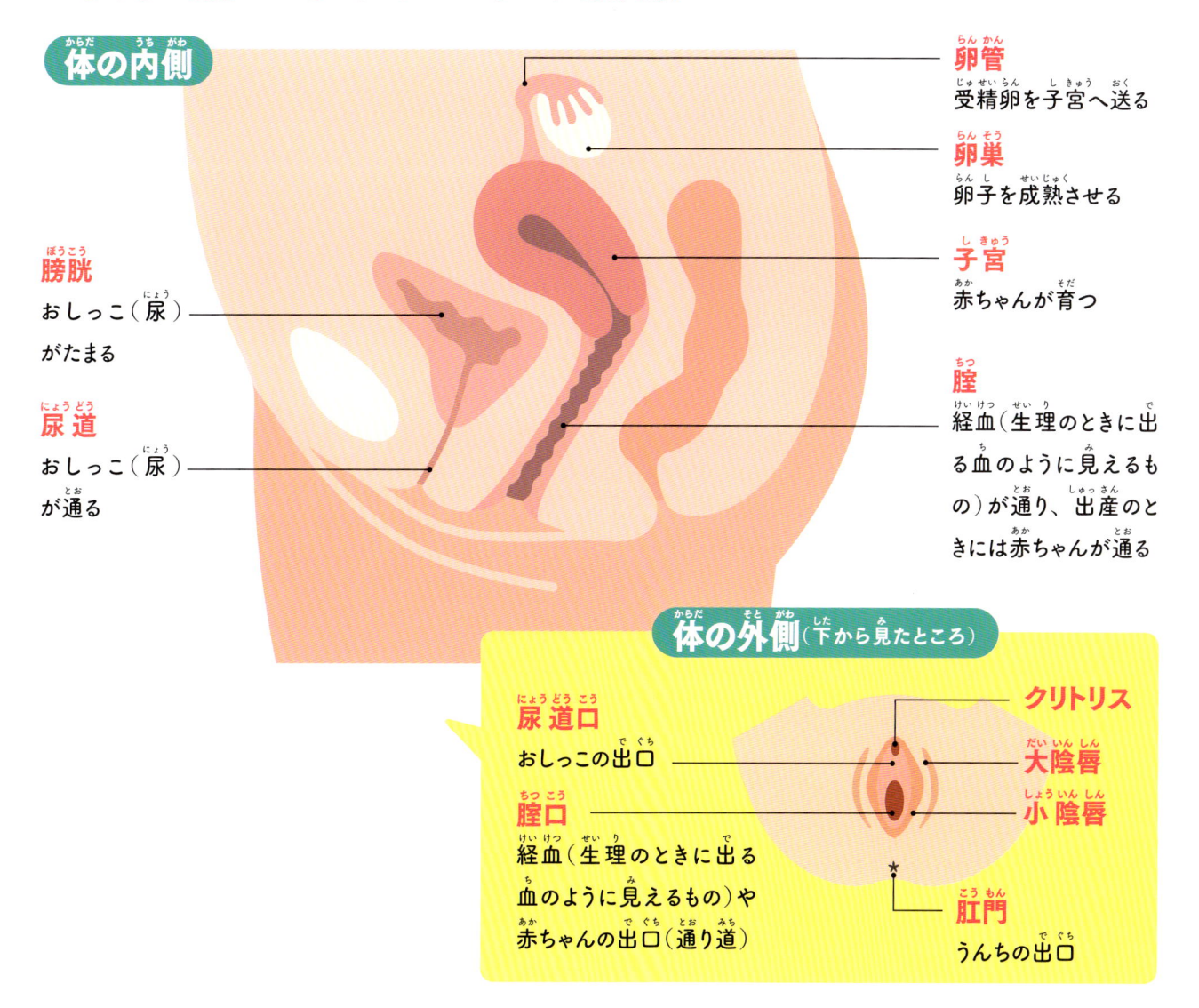

体の内側

卵管
受精卵を子宮へ送る

卵巣
卵子を成熟させる

子宮
赤ちゃんが育つ

膀胱
おしっこ（尿）
がたまる

尿道
おしっこ（尿）
が通る

腟
経血（生理のときに出る血のように見えるもの）が通り、出産のときには赤ちゃんが通る

体の外側（下から見たところ）

尿道口
おしっこの出口

腟口
経血（生理のときに出る血のように見えるもの）や赤ちゃんの出口（通り道）

クリトリス

大陰唇

小陰唇

★
肛門
うんちの出口

性器の色や形

　顔や体が一人ひとりちがうように、同じ性別の性器をもっていても、色や形、大きさは一人ひとりちがいます。「ほかの人とは、ちがうかもしれない」と、気になることもあるかもしれませんが、あなたの性器はあなただけがもつ、ただひとつのものです。

★みんなちがう性器のいろいろ

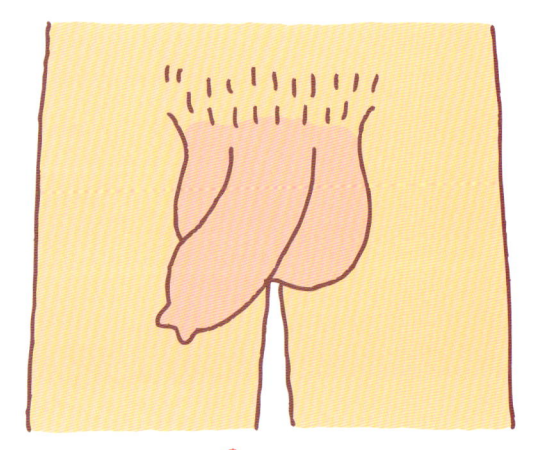

ペニスが曲がっている

男 性器

ペニスが小さい

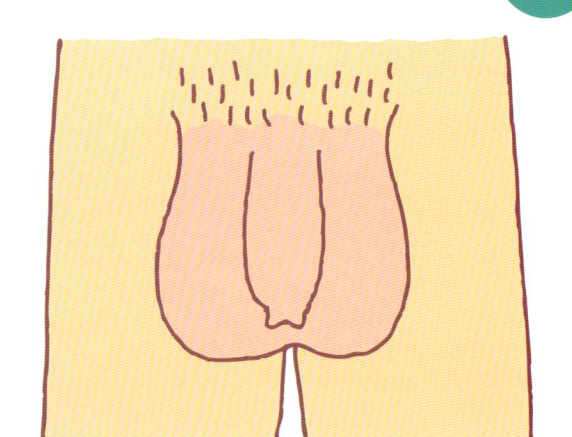

陰のうが大きい

毛が多い

包茎の人は多い

　亀頭が、ペニスのまわりの包皮で包まれている状態を「包茎」といいます。赤ちゃんはみんな包茎で、大きくなるにつれ包皮がむけて亀頭が見えるようになります。大人になっても亀頭がまったく見えない真性包茎や、皮を引っぱると亀頭が見える仮性包茎がありますが、ペニスがはれたり、においが気になったりしなければ問題ありません。

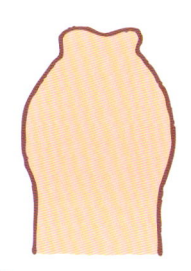

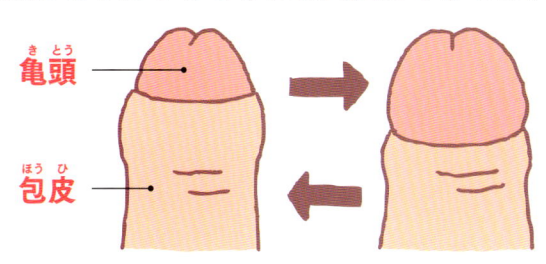

亀頭

包皮

真性包茎 亀頭がまったく見えない

仮性包茎 包皮を引っぱると亀頭が見える

色が濃い

女性器

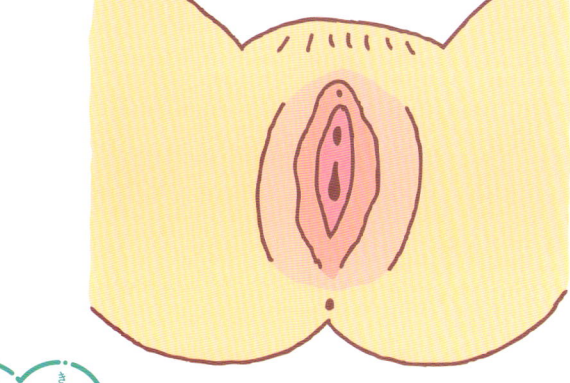

毛が少ない

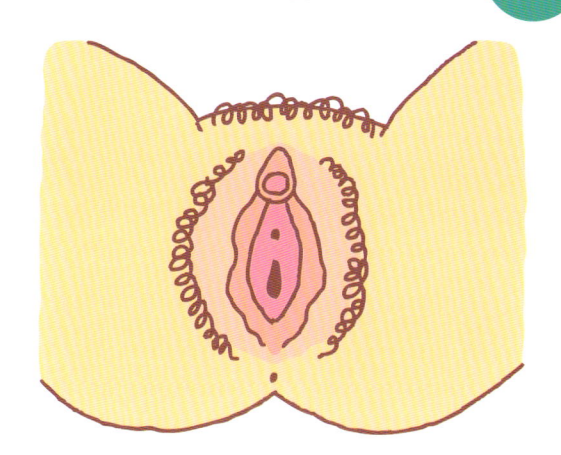

クリトリスが大きい

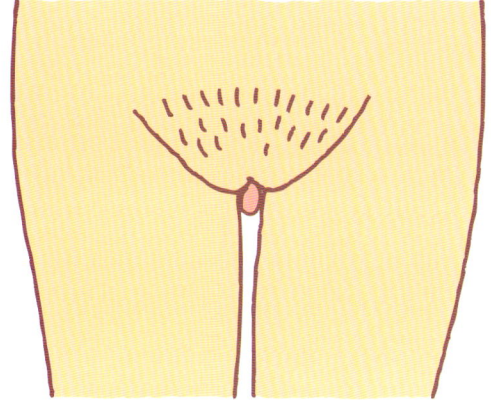

小陰唇が大きい

ペニスの洗い方や病気

　ペニスの亀頭と包皮の間の部分は、よごれがたまりやすく、そのままにしておくと、いやなにおいがしたり、はれたり、痛くなったり、かゆくなったりすることがあります。包皮をずらすようにして洗ってください。

★ペニスの洗い方

おふろに入ったときに、シャワーなどでよごれを落とすように洗います。

1 包皮をそっと根もとのほうに引っぱり、亀頭を出します。むりして引っぱらず、できるところまででだいじょうぶです。

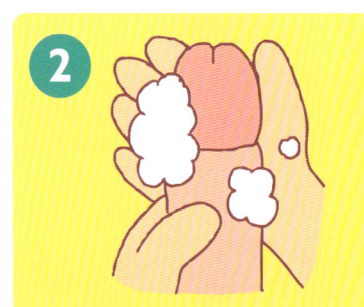

2 亀頭が見えたら、せっけんやボディソープなどのあわで、やさしく洗います。しみたり、痛みがある場合はお湯だけで洗います。

3 お湯であわを流したら、包皮をもとに戻します。包皮はもとに戻さないと、亀頭をしめつけてしまうことがあるので気をつけます。

もしかして病気？

ペニスがはれた！

　亀頭と包皮の間によごれなどがたまって、ペニスがはれてしまうことがあります。ペニスの先端や全体が赤くはれて痛んだり、ペニスの先端からうみが出たりした場合は、泌尿器科や小児科の病院を受診してください。大人に話すことがちょっとはずかしいと思うかもしれませんが、よくある病気なので、受診するとすぐに治ることが多いです。

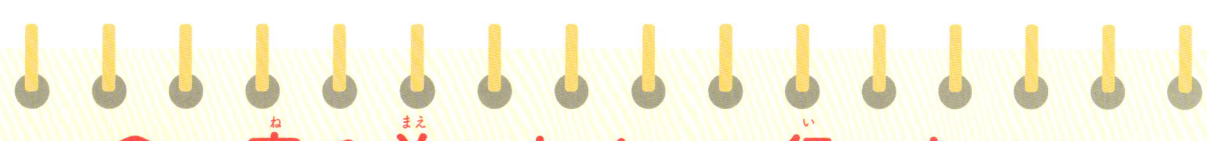

寝る前にトイレに行ったのに、おねしょをしてしまう

おねしょってなに?

寝ている間におしっこが出てしまうのが、おねしょです。5歳以上で月に1回以上のおねしょが3か月以上続く場合を「夜尿症」といいます。夜尿症は、夜寝ている間におしっこがたくさんつくられたり、おしっこをためる膀胱がいっぱいになって起こります。そのほかに、おしっこがたまっても、目が覚めないことで出てしまう場合もあります。体のしくみが関係していることなので、自分で気をつけたり、保護者が注意したりしても止まることはありません。多くの人は成長とともになくなります。

病院に行ったほうがいい?

規則正しい生活をしたり、夕食のあとに水分をとりすぎないようにすることで自然に治ることもありますが、おねしょの回数が多くて気になる場合は、おうちの人と相談して、泌尿器科や小児科の病院を受診してください。

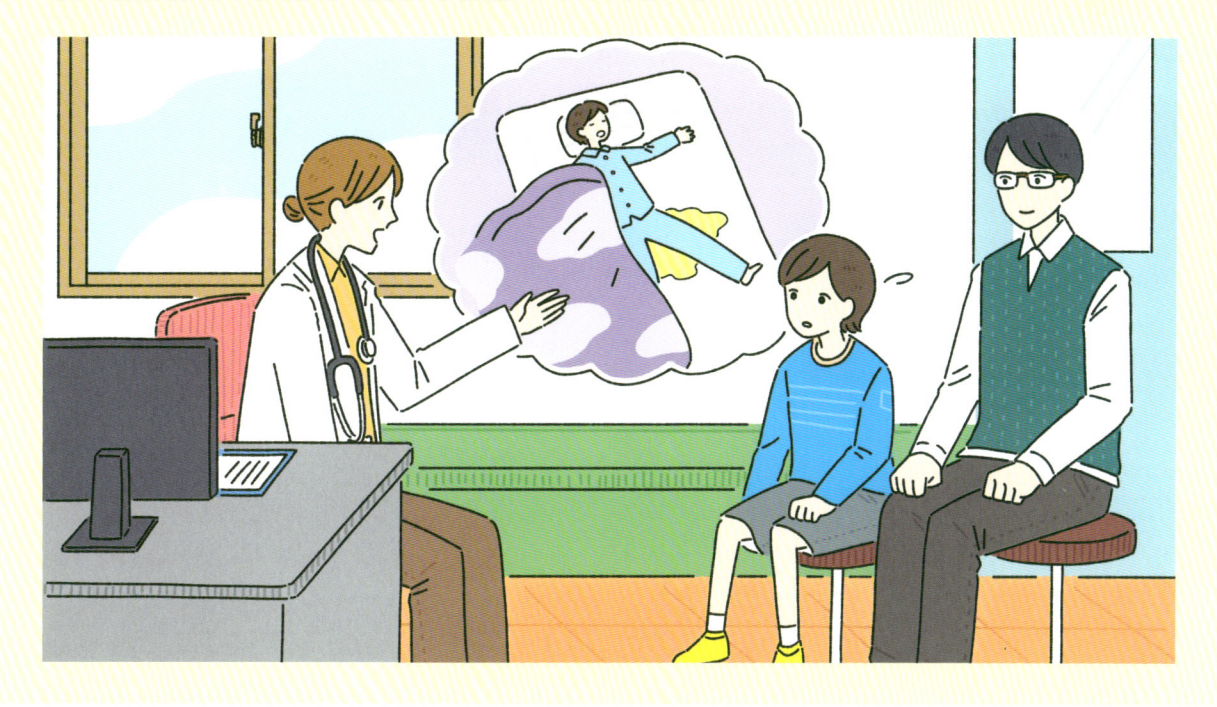

射精のしくみ

　ペニスは、さわったりこすったりなどの刺激を受けたときや、寝ているときなどに、かたく大きくなることがあります。これを「勃起」といいます。思春期になると、ホルモンのはたらきにより精巣で精子がつくられはじめ、勃起のあとに、ペニスの先から白いネバネバとした液が出てくることがあります。これを「射精」といい、出てくる液を「精液」といいます。

★勃起と射精のしくみ

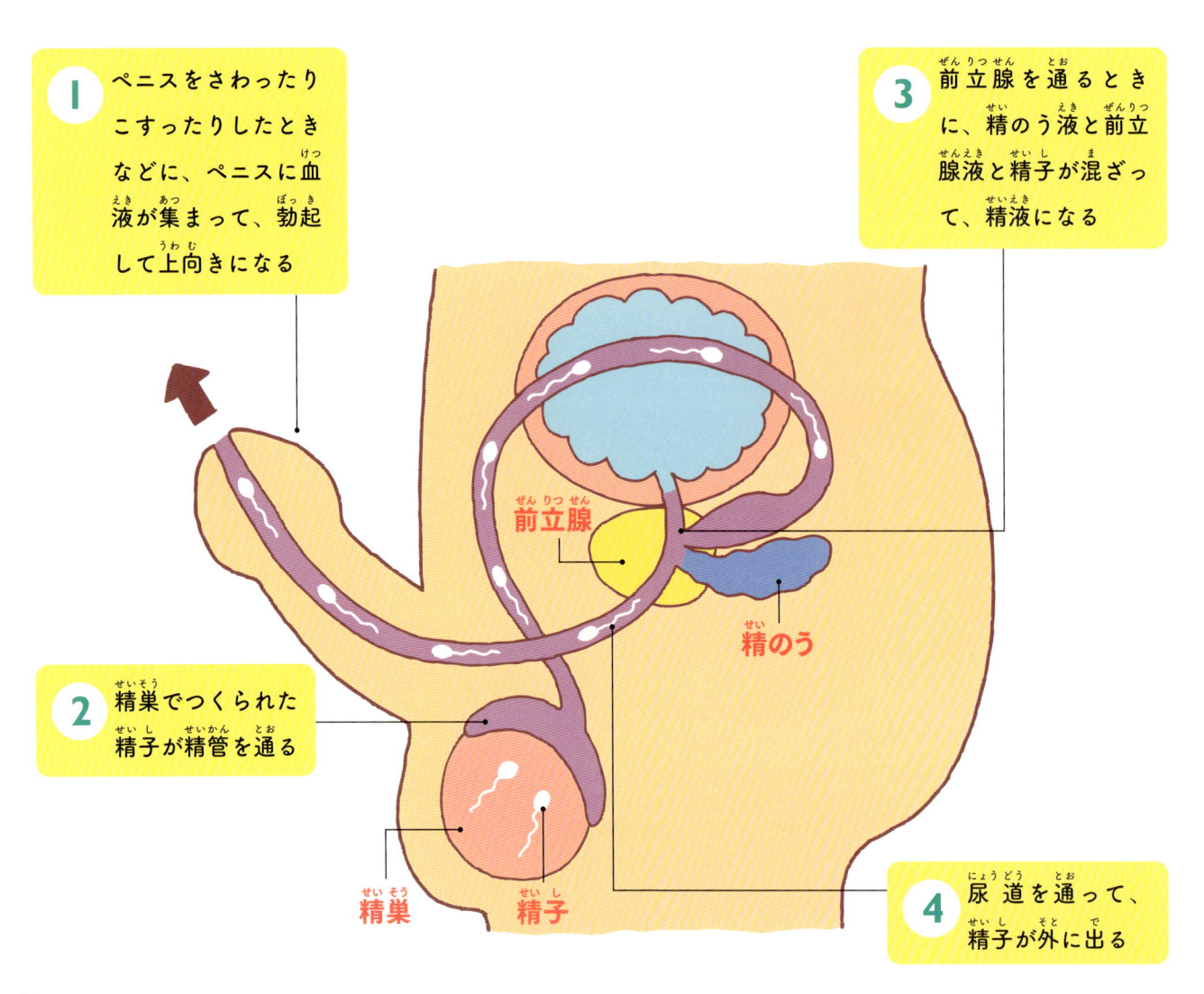

1 ペニスをさわったりこすったりしたときなどに、ペニスに血液が集まって、勃起して上向きになる

2 精巣でつくられた精子が精管を通る

3 前立腺を通るときに、精のう液と前立腺液と精子が混ざって、精液になる

4 尿道を通って、精子が外に出る

前立腺

精のう

精巣　精子

知らないうちに勃起して困った！

勃起は、刺激があったときにも起こります。たとえば、おしっこをしたくなったり、服がこすれたりしたときです。また、寝ているときなど、なにもしていなくても起こることがあります。突然勃起したら、あわてず深呼吸をして落ち着きましょう。しばらくすると、もとに戻ります。気になる場合は、かばんや上着などでかくしてもいいですね。自分でコントロールすることはむずかしいので、困っている人がいても、からかうのはやめましょう。

★精液とおしっこが混じることはない

精子は、尿道を通って体の外に送り出されます。尿道は、おしっこも通りますが、精液とおしっこが混じることはありません。射精のときには、おしっこをためておく膀胱からおしっこが尿道へ出ないように、筋肉の扉が閉まるので心配ありません。

★精子の形

精子はおたまじゃくしのような形をしています。全長約0.06mmという小ささで、目で見ることはできません。毎日、精巣で5000万個〜1億個つくられて、精管の中を約2週間かけて移動します。精巣から出たあと射精されなかった精子は、体の中に自然に吸収されます。

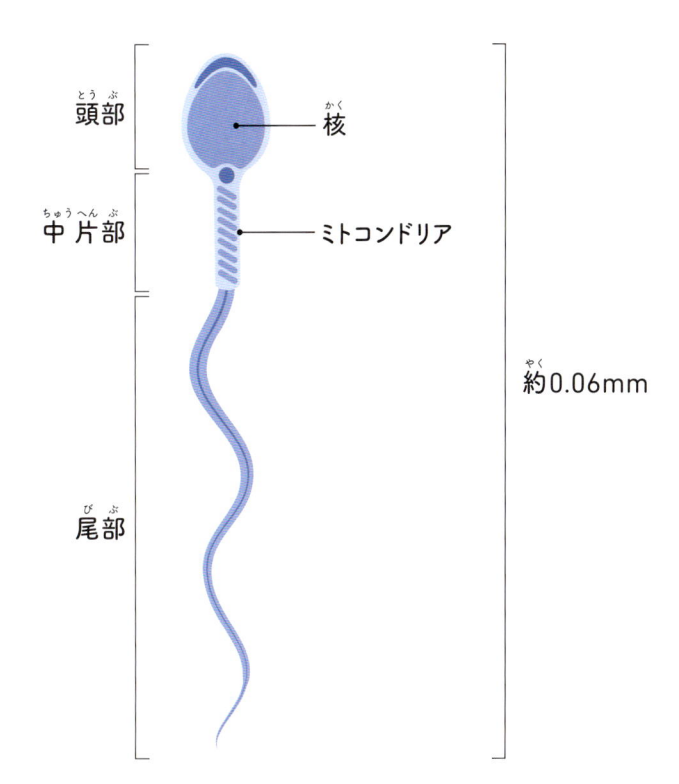

頭部 — 核
中片部 — ミトコンドリア
尾部

約0.06mm

射精のいろいろ

はじめて射精があることを「精通」といいます。精通が起こる年齢は一人ひとりちがいますが、10〜18歳ごろに経験することが多いようです。体が変化することで、心配に感じることもあるかもしれません。射精のいろいろを、専門家の先生におしえてもらいました。

Q. 射精すると出てくるネバネバしたものはなに？

A. 射精で出てくる液体は「精液」といって、体液（体の中にある液体）の中のひとつです。特有のにおいがあり、1回の射精で2〜5mLの量が排出されます。ふつうは、白い色をしていますが、病気になると黄や赤、緑っぽく変わることがあります。色がいつもとちがう場合は、病院で相談しましょう。

Q. 寝ているときに勃起して射精するのは病気？

A. ペニスは、さわったりこすったりして刺激をしなくても、寝ている間に勃起して射精することがあります。これを「夢精」といいます。思春期前後に起こる自然な体のしくみなので、病気ではありません。夢精に気がついたら新しい下着に着替えてください。よごれた下着はどうするか、おうちの人と相談してみましょう。自分で洗うのもいいかもしれません。

Q. 朝、起きたときに勃起しているのは、どうして？

A. 夜の睡眠は、深い眠り（ノンレム睡眠）と浅い眠り（レム睡眠）を、約90分ずつ交互にくり返しています。レム睡眠中は、自律神経（体の機能をコントロールする神経）のはたらきが活発になり、自分の意思とは関係なく勃起することがあります。朝、目覚めたときに勃起していることを、「朝立ち」と呼びます。

Q. どうして体の中で精子がつくられるの？

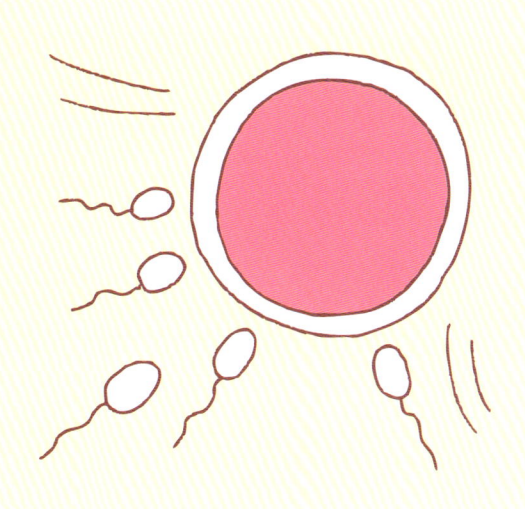

A. 精巣では精子がつくられ、卵巣では卵子がつくられます。精子が女性の体の中にある卵子の中に入ることで、赤ちゃんのもとである受精卵となり、受精卵が子宮の中で育ち、赤ちゃんとなります。精子、卵子の中にはそれぞれ遺伝子（体をつくる設計図）があり、受精卵には精子と卵子、両方の遺伝子が入っています。

セルフプレジャー
ってなに？

　自分の性器をさわることを「セルフプレジャー」といいます。小さいころから性器にさわると気持ちがいいと気づいてさわる人もいれば、大人になってもさわらない人もいます。

　セルフプレジャーは、いけないことでも、はずかしいことでもありません。年齢や性別に関係なく、だれでもすることがあります。また、しなければならないことではないので、しないことや、「したい」と思わないことも、おかしなことではありません。

いろいろな呼び方がある

　セルフプレジャーという呼び方のほかに、「オナニー」「マスターベーション」「自慰」と呼ぶことがあります。言葉はちがっても意味は同じです。

Q. セルフプレジャーはどうやってするの？

A. 決まったやり方はありません。自分の手で、好きなように自由にさわってよいのです。

けれど、あまり強くペニスをにぎったり、床などかたいところにこすりつけたりして強すぎる刺激をあたえると、大人になってから、うまく射精ができなくなってしまうことがあるので気をつけましょう。

ゆでたまごがつぶれないくらいの強さで、やさしくさわるようにしましょう。清潔に、安全な方法でおこなうことも大事です。

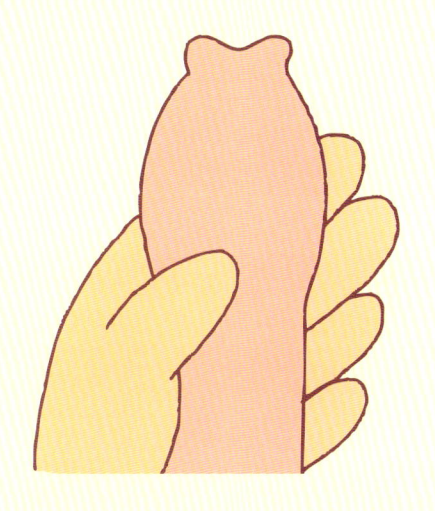

手を洗ってからする

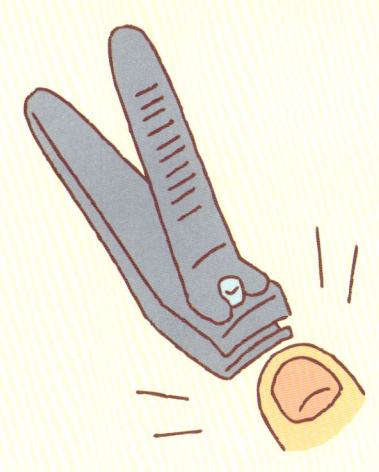

爪を切っておく

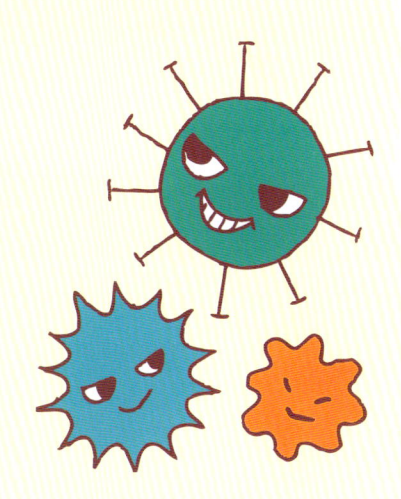

よごれたものやかたいものを性器にあてない

Q. セルフプレジャーはどこでするの？

A. セルフプレジャーは、いけないことでも、はずかしいことでもありませんが、だれもいないところでするようにしましょう。とてもプライベートなことなので、人（ひと）に見（み）せるものではありません。

家（いえ）の中（なか）でひとりになれる場所（ばしょ）がいいでしょう。うっかり家族（かぞく）に見（み）られてしまって、おたがいに気（き）まずい思（おも）いをしないように、自分（じぶん）の部屋（へや）がない場合（ばあい）は、おふろ場（ば）やトイレがおすすめです。

自分（じぶん）の部屋（へや）

おふろ場（ば）

トイレ

Q. セルフプレジャーをやりすぎたら
頭が悪くなるというのは本当？

A. セルフプレジャーをやりすぎると、頭が悪くなるということはありません。また、体や心の成長や健康に影響があることもないですし、やりすぎで性器の色が濃くなったり、形が変わったりすることもありません。

Q. セルフプレジャーは悪いことなの？

A. 自分で自分の体を気持ちよくすることは、すてきなことです。性別や年齢に関係なく、だれでもすることがあり、自然なことです。リラックスしてゆっくり眠ることができたり、ストレスが軽くなったり、自分の体を知ることができたりするメリットがあります。

Q. 包茎でもセルフプレジャーをしてだいじょうぶ？

A. 包茎であっても、セルフプレジャーをしてだいじょうぶです。ただ、している最中に皮がむけた場合、最後に皮をもとに戻してください。むけた皮をそのままにしていると、包皮が亀頭をしめつける「かんとん包茎」になる場合があります。もし、むいた皮をもとに戻すことができなくなった場合は、すぐに泌尿器科や小児科の病院を受診してください。

性別ってなんだろう

　自分の性について、考えてみたことはありますか？　性別は、どのように決まるのでしょうか。性別には、生まれたときに判定された性別と、自分で感じている性別（性自認）のふたつがあります。また、これらの性別と、自分が自分をどう表現したいか（自分のことをどう呼ぶか、どんな服を着るか、どんな髪形にするかなど）とは、また、別の話です。

生まれたときに判定された性別	生まれたときの体の特ちょうで男か女か判定された性別のこと。
性自認	自分の性別を自分でどう感じているかということ。「男」か「女」かにかぎらず、「男でもあり、女でもある」「男でもないし、女でもない」「男と女の中間ぐらい」など、いろいろな感じ方があります。

★シスジェンダーとトランスジェンダー

　生まれたときに判定された性別と性自認が同じであることをシスジェンダーといい、生まれたときに判定された性別と性自認がちがうことをトランスジェンダーといいます。

生まれたときに判定された性別	性自認	
男	男	➡ シスジェンダー男性
男	女	➡ トランスジェンダー女性
女	女	➡ シスジェンダー女性
女	男	➡ トランスジェンダー男性

＊性自認は「男」「女」以外にもいろいろあるため、上の例にあてはまらない人もいます。

ジェンダーとは

　「男らしい人」「女らしい人」という言葉を聞いて、それぞれどのような人を思い浮かべますか。多くの人が思い浮かべる「男らしさ」「女らしさ」は、生まれたときから決まっているものではありません。

　その人が生活する文化や社会によってつくられた、性別による態度、行動、役割などのちがいを、ジェンダーといいます。「男はスポーツが得意」「女は家事が得意」などといわれたりもしますが、このような考え方は文化や社会がつくりあげたものです。文化や社会によって考え方は異なり、時代によっても変わっていきます。

★学校で困ったら

　生まれたときに判定された性別に合わせた文化や社会の中では、性自認が一致していないと困ることやつらい思いをすることがあります。あなたが学校で困っていることがあったら、「話してもいいな」と思える先生に相談してみましょう。もし、どの先生に相談したらいいかわからなかったら、保健室の先生に相談してみてください。

子どものための情報箱

　この本で紹介している「性」の知識はほんの一部です。体や心の発達は一人ひとりちがうので、知りたいことや悩みも一人ひとりちがうと思います。

　ここでは、もっとくわしく知りたい人や、困りごとがある人にとって、役立つ本やインターネットのサイト、相談先を紹介します（情報は2024年10月末現在のものです）。

★だれかに相談したいとき

24時間子供SOSダイヤル
いつでも電話で相談できます。
電話：**0120-0-78310**（24時間OK・通話無料・年中無休）
https://www.mext.go.jp/ijime/detail/dial.htm

チャイルドライン®
18歳までの子どものための相談窓口です。
電話：**0120-99-7777**（午後4時〜午後9時・通話無料・12月29日〜1月3日は休み）
https://childline.or.jp　＊チャットでも相談できます。

こどもの人権110番
子どもについての悩みを、子どもも大人も相談できます。法務局につながります。
電話：**0120-007-110**（月〜金曜日 午前8時30分〜午後5時15分・通話無料）
https://www.moj.go.jp/JINKEN/jinken112.html　＊メールやLINEでも相談できます。

よりそいホットライン
だれでも相談できます。外国語での相談もできます。
電話：**0120-279-338**（24時間OK・通話無料）
電話：**0120-279-226**（岩手県、宮城県、福島県の方はこちらへ）
https://www.since2011.net/yorisoi/　＊FAX、チャットやSNSでも相談できます。

★ 性についてもっと知るための本

10歳からのカラダ・性・ココロのいろいろブック 変わるカラダのいろいろ編

◉著 アクロストン ◉ほるぷ出版

体がどんどん変わる思春期には、悩む人がたくさんいます。一人ひとりの顔や体がちがうように、一人ひとりの悩みもちがいます。そんな疑問や不安に答える内容です。

知ってる？ おちんちんのフシギ マンガ おれたちロケット少年

◉監修 金子由美子 ◉マンガ 手丸かのこ ◉子どもの未来社

大人気の性教育マンガ。小学生が主人公で、おもしろくてほっこりする、性・体・心についてのストーリーが満載です。性別、年齢問わず、おすすめです。

思春期の心とからだ図鑑

◉監修 ロバート・ウィンストン ◉日本語版監修 名越康文
◉三省堂

思春期の心と体の悩みに答えるガイドブックです。ネットいじめやドラッグ、多様な性的アイデンティティなど、現代的なテーマを多く取り上げています。具体的なアドバイスも満載です。

ジェームズ・ドーソンの下半身入門 まるごと男子！ 読本

◉著 ジェームズ・ドーソン
◉太郎次郎社エディタス

友だちとの関係づくりや恋人との出会い方、つきあい方、別れ方、いろいろな悩みなどに答えています。ジョーク満載で一気に読めます。

★ 性についてもっと知るためのサイト

AMAZE
アメリカ発の性教育アニメの日本語版

https://amaze.org/jp/nihongo/

セイシル
10代の性のモヤモヤに答える

https://seicil.com

10代のためのサイト Mex
相談窓口や居場所の紹介

https://me-x.jp

★ 先生・保護者の方へ

性教育は従来、二次性徴、生理、射精といった体の変化や現象、そして妊娠にかかわることを学ぶものとされてきました。しかし今は、性教育は包括的性教育といって、体や性、まわりの人や社会とのかかわり方についてなどのさまざまな知識を学び、それを自分の権利としていくものとなっています。

従来の性教育の部分はハードルが高いかもしれませんが、包括的性教育の部分の、人とのかかわり方や自分の体について知っていくことについては、すでに多くの学校や家庭でも「性教育」と意識せずにやっていることと思います。まずはあまり気構えずに、大人が包括的性教育について知り、子どもといっしょに性について学んだり、話したりしてみてください。

★ 参考図書

3〜9歳ではじめるアクロストン式 赤ちゃんってどうやってできるの?
いま、子どもに伝えたい性のQ&A

●著 アクロストン ●主婦の友社

科学的に正しい性の話を、楽しく、気軽に知れる本。性教育で使えるポップなクラフトが満載。

思春期の性と恋愛
子どもたちの頭の中がこんなことになってるなんて!

●著 アクロストン ●主婦の友社

思春期の子どもの保護者が知っておきたい性の知識や家庭での性教育が学べる本。

改訂 性の"幸せ"ガイド
若者たちのリアルストーリー

●著 関口久志
●エイデル研究所

性教育について知りたい人が、まず読むのに最適。豊富な実践例と科学的根拠が満載。

0歳からはじまる
オランダの性教育

●著 リヒテルズ直子
●日本評論社

小さなころから性教育を始める意義や方法、人権教育としての性教育がよくわかる。

はなそうよ! 恋とエッチ
みつけよう! からだときもち

●著 すぎむらなおみ＋えすけん
●生活書院

保健室の先生たちが現場経験を基に、性の基本や多様性をわかりやすく解説。

発達が気になる子の
性の話
みんなでいっしょに学びたい

●監修 伊藤修毅 ●講談社

子どもと大人がいっしょに性のことを学べる本。子どもへの伝え方が参考になる。

○さくいん

● 監修 **アクロストン**

2人の医師による性教育コンテンツ制作ユニット。2人は妻、夫の関係で、中学生の子ども2人とともに暮らす。小中学校での授業や、自治体主催の講演会·ワークショップ、家庭ではじめられる性教育のヒントや性に関する社会問題についての執筆、SNS等での発信、web·雑誌記事の監修を行っている。

アクロストンオフィシャルサイト　https://acrosstone.jimdofree.com

● マンガ

サキザキナリ

● イラスト

サキザキナリ（表紙、P.1、2、6、7、10、11、17、20、21、22、27）

ひらのあすみ（P.7、8、9、11、14、15、16、18、20、21、23、24、25）

PIXTA（P.9、10、12、13、19）

● デザイン

小沼早苗（Gibbon）

● 執筆

鈴木麻由美（こんぺいとぷらねっと）

● 編集

上井美穂（こんぺいとぷらねっと）

一人ひとり、みんなちがう！
男子のからだとこころ相談室
① 男子の体、どう変わるの？

2024年12月　初版第1刷発行

● 監　修　アクロストン
● 発行者　三谷　光
● 発行所　株式会社汐文社
　　　　　〒102-0071　東京都千代田区富士見1-6-1
　　　　　TEL:03-6862-5200｜FAX:03-6862-5202
　　　　　https://www.choubunsha.com
● 印　刷　新星社西川印刷株式会社
● 製　本　東京美術紙工協業組合

乱丁・落丁本はお取り替えいたします。
ご意見・ご感想はread@choubunsha.comまでお寄せください。
ISBN　978-4-8113-3159-1　NDC367